Der Islam

Gott - Mensch - Welt

Aus dem Französischen von
Yusuf Kuhn

Begegnung mit dem Islam

GREEN PALACE

Titel der französischen Originalausgabe, die 2002 bei Éditions Tawhid, Lyon, erschien: De l'islam.

Herausgegeben von:

Muslimische Jugend in Deutschland e.V.
Gitschiner Str. 16
10969 Berlin
Deutschland
Tel.: 030 / 69 50 72 75
www.mjd-net.de
Vertrieb:
Green Palace
Gitschiner Str. 16
10969 Berlin
Deutschland
Tel.: 030 / 69 50 72 73
www.greenpalace.de

Übersetzung: Yusuf Kuhn
Grafische Gestaltung, Umschlaggestaltung, Satz:
Hélène Magnier
Redaktionelle Koordination:
Huê Trinh Hawwâ Bâ
Kalligraphien: © Abdelhafid Chikh
Printed in France

ISBN : 3-937321-00-4

Mit dem Namen Gottes, des Allerbarmers, des Barmherzigen

Inhalt

Vorwort des Herausgebers

Mit dem Namen Allahs des Erbarmers, des Barmherzigen,

Die Muslimische Jugend in Deutschland e.V. und ihr Buchverlag und –vertrieb Green Palace danken Allah swt und freuen sich, dieses Buch veröffentlichen zu dürfen.

Unsere Veröffentlichungen haben das Ziel, islamische Literatur in deutscher Sprache zur Verfügung zu stellen, die vor allem die muslimischen Jugendlichen auf dem Weg zu Allahs swt Wohlgefallen unterstützen und den Islam in seiner Ganzheitlichkeit darstellen. So Allah swt will, ist dieses Buch ein weiterer Schritt auf dem Weg zu diesem Ziel.

Möge Allah swt uns auf diesem Weg bestärken und diesen kleinen Beitrag zu Seinem Wohlgefallen annehmen.

Dieses Buch stellt die wichtigsten Dimensionen des Islams in kompakter Form dar und ist somit eine Orientierungshilfe sowohl für Muslime als auch für Nichtmuslime, um sich nicht durch die Aktualität bestimmter Ereignisse von den eigentlichen Grundlagen des Islam ablenken zu lassen. Dadurch kann es eine Erinnerung - gerade für uns Muslime - sein, unser Denken und Handeln zu überdenken und eventuell zu korrigieren.

An dieser Stelle bitten wir Allah swt um reichliche Belohnung für die Geschwister, die das erscheinen dieses Buches in deutscher Sprache ermöglicht haben; besonders sind zu nennen: Bruder Tariq Ramadan als Autor, Bruder Yusuf Kuhn als Übersetzer, Schwester Mareike Dasenbrook, Schwester Iman Reimann, Schwester Sandra Abed, Bruder Tolga Eren als Überarbeiter und Korrektoren des Textes, Bruder Imran Sagir, als Projektkoordinator und das Team des Verlagshauses Tawhid in Frankreich, welches das Layout, Design und den Druck bewerkstelligte.

Möge Allah swt dieses Buch zu einem Beitrag zur Stärkung unserer islamischen Praxis machen.

Green Palace
1. Rabi' ul-Awwal 1425
21. April 2004

صلى الله عليه وسلم bedeutet "Gott segne ihn und schenke ihm Frieden".

Einleitung

In diesem Buch soll der Islam anhand einiger wesentlicher Aspekte seiner Botschaft einführend vorgestellt und erläutert werden. Im Zentrum des Islam als Offenbarung Gottes an die Menschen steht die Beziehung zu Gott, in deren Licht auch Mensch und Welt zu betrachten sind.

Auf diese einleitenden Worte folgen Definitionen und Erläuterungen einiger Begriffe. Den Anfang macht das Wort *Islâm*. Sodann führt uns die Besinnung auf den Schöpfer und Seine Eigenschaften zu einer näheren Betrachtung des islamischen Menschenbildes. Hier erschließt sich uns die tiefe, innere und unauflösliche Verbundenheit von Gottesbild und Menschenbild im Islam.

Diese Begriffsbestimmungen sind notwendig, denn allzu oft wird übersehen, dass Worte durchaus nicht zwingend die Bedeutung tragen, die man ihnen geben will. Unsere Definitionen mögen sich von geläufigen Vorstellungen abheben. Sie können mitunter sogar im Gegensatz zu verbreiteten Auffassungen stehen. Gefordert ist daher größtmögliche Klarheit und Genauigkeit bei Wortwahl und Formulierung nebst möglicher Assoziationen und Bedeutungsnuancen. Die Frage nach dem Wesen des Menschen wird zwar häufig thematisiert, aber deshalb erübrigt sich keineswegs eine klare Begriffsbestimmung. Denn das Menschenbild wandelt sich entsprechend unserem Denken, unseren Traditionen und unserer Kultur. So müssen wir immer wieder feststellen, dass sogar in nahe verwandten Kulturen - wie in den muslimischen, christlichen und jüdischen Traditionen, die allesamt vom Monotheismus geprägt sind - der Begriff des Menschen unterschiedlich gefüllt, gedacht und begriffen wird. Für die Zukunft des Dialoges ist von entscheidender Wichtigkeit, einen Sinn für die Komplexität und die Feinheiten bei der Bestimmung von Begriffen zu entwickeln, die oberflächlich betrachtet trügerisch klar und geradezu selbstverständlich erscheinen können.

Im Anschluss an diese Begriffsbestimmungen wenden wir uns einem weiteren zentralen Gedanken der muslimischen Tradition zu: dem Beschreiten des Weges, der inneren Reise, der spirituellen Entwicklung.

Schließlich richten wir unseren Blick auf zwei grundlegende Begriffe des islamischen Denkens: Wissen und Liebe. Wissen ist unerlässlich. Das versteht sich von selbst. Besonders betont werden muss hingegen, wie sehr die Liebe dem Herzen des Islam innewohnt. Das wird viel zu selten in Erinnerung gerufen, so dass mitunter sogar der Eindruck entstehen kann, es handele sich dabei um eine zweitrangige Dimension des Islam. Doch erst in der Liebe erfüllen sich wahrhaft Sinn und Gegenwart Gottes.

1 Schlüsselbegriffe

Wenn wir Worte verwenden, gehen wir zumeist davon aus, dass ihr Sinn bestimmt und festgelegt ist. Doch selbst so gebräuchliche Ausdrücke wie *Islâm, Allâh, die Namen Gottes* usw. können beispielsweise einen spezifisch eingeschränkten Sinn oder auch mehrere Bedeutungen besitzen.

Hingabe und Friede

Das arabische Wort *Islâm* stammt von der Wurzel *salama,* die zwei große Bedeutungsfelder umfasst.

Das erste Bedeutungsfeld bezieht sich auf den Akt der Hingabe, d.h. des bewussten Anerkennens des Einen, der über allen Wesen steht, des einen und einzigen Schöpfers durch den Menschen, der Ihm den höchsten Rang einräumt. Es gibt keinen Gott außer Ihm. Er ist einzig und erhaben ist Er über alles, was wir uns denken und vorstellen können.

Das zweite Bedeutungsfeld, das in der Wurzel *salama* bzw. *salima* angelegt ist und das nicht immer ausreichend betont wird, zielt auf die Erlangung des Friedens. Es verweist auf das dem muslimischen Denken innewohnende Streben, sich vor allen schädlichen Einflüssen zu schützen, die uns daran hindern könnten, inneren Frieden zu erlangen.

Diese beiden Sinnorientierungen sind unauflöslich ineinander verwoben und bestimmen in ihrem Zusammenspiel die volle Bedeutung des Wortes *Islâm*. Sie ergänzen sich gegenseitig und begründen die Natur des Menschen als eines Wesens mit Herz, Seele und Geist. Der Akt des Angenommenseins Gottes durch den Menschen lässt ihn inneren Frieden finden. Hierin liegt die Vorstellung einer lebendigen Beziehung zur göttlichen Transzendenz, die dem Menschen ein inneres, spirituelles Leben eröffnet und unmittelbar Frieden schenkt.

In der muslimischen Tradition heißt es, dass Gott 99 Namen hat - auch wenn es eigentlich weit mehr sind. Einer dieser Namen ist *as-Salâm*, der Friede. Gott ist der Friede. Mit dieser vollkommenen und absoluten Bezeichnung fordert Er uns dazu auf, nach diesem Zustand des inneren Friedens zu streben. Der Mensch erlangt diesen Frieden erst dann, wenn es ihm gelingt, das Wesen seiner Seele, seines spirituellen Lebens vollständig anzuerkennen, sich durch

الرّحمان
الرّحيم* الملك* القدّوس* السّلام
المؤمن* المهيمن* العزيز* الجبّار* المتكبّر
الخالق البارئ* المصوّر* الغفّار* القهّار* الوهّاب
الرّزّاق* الفتّاح* العليم* القابض* الباسط* الخافض* الرّافع
المعزّ* المذلّ* السّميع* البصير* الحكم* العدل* اللّطيف* الخبير
الحليم* العظيم* الغفور* الشّكور* العليّ* الكبير* الحفيظ* المقيت
الحسيب* الجليل* الكريم* الرّقيب* المجيب* الواسع* الحكيم
الودود* المجيد* الباعث* الشّهيد* الحقّ* الوكيل* القويّ* المتين
الوليّ* الحميد* المحصي* المبدي* المعيد* المحيى* المميت* الحيّ
القيّوم* الواجد* الماجد* الواحد* الصّمد* القادر* المقتدر* المقدّم
المؤخّر* الأوّل* الآخر* الظّاهر* الباطن* الوال* المتعال* البرّ
التوّاب* المنتقم* العفوّ* الرّؤوف* مالك الملك* ذو الجلال و
الإكرام* المقسط* الجامع* الغنيّ* المغني* المانع
الضّار* النّافع* النّور* الهادي* البديع* الباقي
الوارث* الرّشيد* الصّبور

Die 99 Namen Gottes bezeichnen Eigenschaften und Wesensmerkmale Gottes. Im Koran heißen sie die "schönsten Namen".

das Angenommensein Gottes in vollkommenen Einklang mit seinem ursprünglichen Wesen zu bringen.

Gott

Der islamische Begriff der Religion muss ebenfalls klar und eindeutig bestimmt werden. Denn die muslimische Perspektive unterscheidet sich nicht unerheblich vom christlichen Verständnis: Religion und Religiosität können nicht mit einem Propheten oder einem Gesetz gleichgesetzt werden. Der Islam ist vor allem Glaubensakt, Vollzug einer bewussten Hingabe an das Höchste Wesen. Hingabe an die Dimension der göttlichen Transzendenz bedeutet zugleich die Befreiung von allen Manifestationen der Kontingenz. Die Annahme des Schöpfergottes führt zur Befreiung von allen kontingenten Erscheinungen des Lebens. Die Hingabe an Ihn befreit von aller Unterwerfung unter das, was Er geschaffen hat: Menschen, Moden, Leidenschaften, Gefühle, Macht und Besitz. Der Islam zeichnet sich vor allem dadurch aus.

Als sich im 18. Jahrhundert europäische Denker wie Montesquieu und Voltaire für den Islam zu interessieren begannen, sprachen sie von "Mohammedanern". Diese Bezeichnung ist jedoch völlig unzutreffend. Sie ergibt sich aus einer

Analogie zum christlichen Verständnis, nämlich zur Rolle, die Christus im Christentum zukommt. Der Islam hingegen ist ein Akt der Akzeptanz des Schöpfers aller Menschen, aber keinesfalls eines menschlichen Wesens, sollte dies auch unser Vorbild sein und uns den Weg zu Gott weisen. In der Beziehung des Schöpfers zur Schöpfung zeigt sich ein grundsätzlicher Unterschied zur christlichen Auffassung.

Dies mag zwar zweitrangig oder auch selbstverständlich erscheinen, muss aber insbesondere in den westlichen Gesellschaften immer wieder betont werden, da in deren kollektivem Unbewussten verzerrte und entstellende Vorstellungen, die mitunter bis ins Mittelalter zurückreichen, tief verwurzelt sind.

> “Gott, God, Allah – Unterschiedliche Bezeichnungen für den einen und einzigen Gott”

Darauf können wir hier natürlich nicht ausführlich eingehen. Einige Hinweise mögen dies

---

Montesquieu (1689-1755), französischer Schriftsteller und Staatsphilosoph. Wichtigste Werke: *Persische Briefe* (1721), *Betrachtungen über Ursachen der Größe und des Verfalls der Römer* (1734), *Vom Geist der Gesetze* (1748).

Voltaire (1694-1778), französischer Schriftsteller und Philosoph. Wichtigste Werke: *Philosophische Briefe* (1734), *Zadig* (1747), *Candide* (1759), *Die Zeiten Ludwigs XIV.* (1751), *Philosophisches Wörterbuch* (1764).

---

daher illustrieren. Es zeigt sich immer wieder, wie sich falsche und verzerrte Vorstellungen durch die Geschichte ziehen. So konnte beispielsweise ein großer Denker wie Chateaubriand schreiben, dass der Gott der Araber "Allâh" sei, so als handele es sich ausschließlich um den Gott der Muslime oder der Araber. *Allâh* ist aber die arabische Übersetzung des Wortes *Gott*. Im Deutschen sagen wir also *Gott* und nicht *Allâh*, auch wenn manche in europäischen Sprachen weiterhin die Bezeichnung *Allâh* gebrauchen, um die Besonderheit des Namens in der arabischen Sprache zu betonen. Die koptischen Christen in Ägypten verwenden zur Bezeichnung Gottes in ihrer Sprache ebenfalls *Allâh*. Im Englischen heißt es *God*. Es handelt sich hier also um eine Frage der Übersetzung und nicht

> “*Es gibt den einen und einzigen Gott für alle Zeiten, für alle Völker*”

Chateaubriand François René Vicomte de (1768-1848), französischer Schriftsteller und Politiker. Wichtigste Werke: *Der Geist des Christentums* (1802), in dem er die Überlegenheit des Christentums gegenüber anderen Religionen vertrat und zur Wiederherstellung der moralischen Ordnung beitragen wollte; *René* (1805), in dem René das "Übel des Jahrhunderts" verkörpert; *Von Jenseits des Grabes. Denkwürdigkeiten* (1848-1850), an dem er dreißig Jahre lang arbeitete, Reflexion über Geschichte, Zeit und Tod.

---

um eine Vielzahl von verschiedenen Göttern in den jeweiligen Zivilisationen und Gesellschaften. Es gibt einen einzigen Gott, für den in verschiedenen Sprachen unterschiedliche Bezeichnungen verwendet werden.

Warum ist dies so wichtig? Wenn wir diese Regeln des Sprachgebrauchs aus dem Auge verlieren, droht die Gefahr, dass eine Kluft zum vermeintlich so Andersartigen aufgerissen wird. Es könnte von Muslimen heißen: "Sie sagen *Allâh*, so als handele es sich um ihren Gott." In Wirklichkeit aber kann es im Islam keinen Zweifel daran geben, dass es nur einen und einzigen Gott für alle Zeiten und alle Völker gibt. Es ist der Gott, Der Adam erschuf, Der zu Moses sprach und Jesus sowie alle anderen Propheten entsandte. Es gibt nur diesen einen und einzigen Gott, Dem nichts gleicht. Das ist der Sinn des *Tauhîd*, der den islamischen Monotheismus begründet. Es sei nochmals betont, dass sich hier ein wichtiger Unterschied zur christlichen Tradition auftut, die neben Gott drei Hypostasen kennt, die dem Mysterium der Trinität zugrunde liegen.

Hypostase, die; griechisch *hypostasis*, "Grundlage, Ablagerung"; Personifizierung göttlicher Eigenschaften oder religiöser Vorstellungen zu einem eigenständigen göttlichen Wesen, z.B. in der christlichen Theologie die drei Personen der Trinität.

Der interreligiöse Dialog kann nur dann fruchtbar werden und zu einer Annäherung führen, wenn man zunächst von der Klärung und Anerkennung dieser Unterschiede ausgeht. Die Vorstellung einer Trinität bleibt immer in einem gewissen Maße dem Mysterium verhaftet. Sie lässt sich nie restlos rational erschließen. Damit wird allerdings keineswegs eine Geringschätzung zum Ausdruck gebracht, sondern vielmehr die Anerkennung dieser Differenz und die Achtung des christlichen Glaubens. Der Begriff der Trinität ist dem Islam völlig fremd. Es gibt nur den einen und einzigen Gott, Dem nichts gleicht und Der sich all unseren Versuchen entzieht, sich ein Bild zu machen, sei es im Verstand, in der Einbildungskraft oder auch in unseren Träumen. Er ist der Allwissende und Allvernehmende, weit erhaben über all unser Wahrnehmungsvermögen. Hier begegnen wir dem Ausdruck der Vollkommenheit Gottes und, dies muss betont werden, der Unfassbarkeit dieses Höchsten durch den menschlichen Verstand. Gott ist vollkommen und unendlich in Seiner Vollkommenheit. Dadurch entzieht Er sich notwendig

“ *Der Begriff der Trinität ist dem Islam völlig fremd* ”

Trinität, die; lateinisch *trinitas*, "Dreizahl"; in der christlichen Theologie Bezeichnung für die Dreieinigkeit, Dreifaltigkeit, Dreiheit der Personen (Vater, Sohn u. Heiliger Geist) in Gott.

unserem begrenzten menschlichen Verstandesvermögen.

Hier lässt sich natürlich fragen, wie man überhaupt von Gott sprechen kann, wenn Er sich doch unserem Verstand entzieht, unsere Verstandesfähigkeiten übersteigt. Im Islam gilt eine klare Regel. Von Gott lässt sich nur sagen, was Er uns über Sich Selbst mitgeteilt hat. In der biblischen Tradition ließe sich dies durch die Frage von Moses verdeutlichen: "Wer bist du?". Worauf Gott erwiderte: "Ich bin, der Ich bin".

Das ist die Dimension des Einen in seiner Absolutheit, die für den menschlichen Verstand unfassbar bleibt und Herz wie Verstand gleichermaßen Demut vor dem Schöpfer eingibt. Das Wesen Gottes erschließt sich dem Menschen nur mithilfe dessen, was Er über Sich Selbst gesagt hat. Das menschliche Vorstellungsvermögen wird Ihn niemals fassen oder gar definieren können.

Im Koran wird als weiterer Name Gottes nach *Allâh* an zweiter Stelle *ar-Rahmân* angeführt, was mit *Allerbarmer* übersetzt werden kann. Gott gibt uns auch hier einen Namen, eine Bezeichnung, die unserem Verstand Leitung und Orientierung bietet, aber keinesfalls mit einer vollständigen oder abschließenden Definition verwechselt werden darf. Wir kennen beispielsweise den Begriff der Großmut im menschlichen

Sinne. Ein Mensch kann großmütig sein und daher die Zuschreibung dieser Eigenschaft verdienen. Gottes Großmut aber ist weit erhaben über und jenseits aller uns vorstellbaren Großmut.

Unser Verstand weist uns die Richtung, kann aber das Wesen Gottes niemals vollständig erfassen. Denn Gott erhebt sich über alle vorstellbare Vollkommenheit. Unser Verstand leitet uns auf den Weg zu dem, was Er ist. Und unser Glaube vertieft unser Verstehen und führt uns noch näher zu Gott durch eine Anstrengung der Besinnung und des Gedenkens. In den Traditionen der islamischen Mystik, im Sufismus (*Tasawwuf*), wird eine spirituelle Übung praktiziert, bei der die Namen Gottes in steter Wiederholung gesprochen werden, um sich, wie manche Sufis sagen, mit dem Sinn Seines Namens zu tränken, um Seiner Gegenwart zu gedenken, ohne Ihn freilich je einer verstandesmäßigen Beschränkung

---

Tasawwuf, Sufismus, Wissenschaft der islamischen Mystik und Spiritualität, die über spezifische Fachbegriffe und Regeln verfügt. Diese Wissenschaft bedarf einer Einweisung. Sie umfasst die Werke verschiedener Gelehrter und Schulen über die Stufen und Zustände des spirituellen Weges zu Gott. Sie befasst sich mit der Dimension der *Haqîqa*, der Wahrheit, der inneren spirituellen Wirklichkeit.

---

zu unterwerfen.

Als weiterer Name Gottes, der im Koran ebenfalls vielfach verwendet wird, sei noch *ar-Rahîm* angeführt, der dritte Name in der Formel *Bismillah ar-Rahmân ar-Rahîm*. Die beiden Namen *ar-Rahmân* und *ar-Rahîm* entstammen zwar der gleichen Wurzel, weisen aber einen Bedeutungsunterschied auf. *Ar-Rahmân* verweist auf die unerschöpfliche Fülle der Barmherzigkeit im Wesen Gottes. *Ar-Rahîm* zielt darauf ab, dass Gott in Seiner Gnadenfülle über alle vorstellbare Großmut hinaus Barmherzigkeit übt.

Gott offenbart sich also dem Menschen über Seine Namen, damit dieser Seine Nähe suchen kann, ohne Ihn je erreichen zu können, wodurch der Mensch wiederum vor dem Hochmut bewahrt wird, Ihn begrenzen oder herausfordern zu wollen. Das Verhältnis des Menschen zu Gott ist vor allem von Demut geprägt. Gott ist der Schöpfer (*al-Khâliq*), der Gestaltverleihende (*al-Musawwir*), der Allwissende (*al-'Alîm*), der Absolute (*as-Samad*), der Ewige (*al-Bâqî*). Es gibt darüber hinaus eine ganze Reihe weiterer Namen, die spirituell an Seine Macht und Seine Vollkommenheit hinweisen. Andere Namen wiederum verweisen auf Seine Barmherzigkeit, Seine Weisheit (*al-Hakîm*), Seine Milde (*al-Halîm*), Seine Güte (*al-Latîf*) und Seine Liebe (*al-Wadûd*).

Diese Eigenschaften weisen unserem Herzen den Weg und übersteigen zugleich unseren Verstand. Vollkommenheit liegt jenseits unseres Wahrnehmungs- und Verstandesvermögens. Wir kennen nur Vervollkommnung, das Beschreiten des Weges zu immer größerer Vollkommenheit, ohne sie je wirklich erreichen zu können. ■

2

Der Mensch im Islam

Das islamische Menschenbild erschließt sich nur auf der Grundlage einer klaren Vorstellung von der Beziehung zwischen Schöpfer und Schöpfung. Unser Verständnis des Schöpfers steckt den Weg ab, den wir auf unserer Lebensreise beschreiten, den Sinn des Lebens. Im Wissen um Gottes Gegenwart und Wesen liegt der Schlüssel zur Bestimmung des Begriffs des Menschen im Islam. Als Gott den Menschen erschuf, gab Er ihm diese ursprüngliche und reine Anerkenntnis des Göttlichen ein, verlieh Er ihm diesen spirituellen Atem, dieses natürliche Streben.

Der Begriff der Religion muss terminologisch und definitorisch eindeutig und klar bestimmt werden, um oberflächliche Gleichsetzungen und Verwechslungen vermeiden zu können. Dies ist ganz besonders wichtig, wenn wir unsere Religion vorstellen, beziehungsweise in einen Dialog treten. In den Gesellschaften, in denen wir leben, begegnen sich unterschiedliche Traditionen, die mehr oder weniger harmonisch zusammenleben. Wenn wir unseren

Traditionen treu bleiben wollen, müssen wir im Dialog hohen Anforderungen genügen. Wir können Unterschiede und Gegensätze akzeptieren. Aber wir müssen dem Anderen die Möglichkeit geben, uns kennen zu lernen und zu verstehen, um so Verbindendes und Trennendes erkennen zu können. Leider gibt es immer noch viele, die glauben, sich diese eigentlich unerlässliche Anstrengung ersparen zu können.

Ursprüngliches Streben und Licht

Der islamische Begriff des Menschen unterscheidet sich erheblich vom Menschenbild in der jüdischen bzw. christlichen Tradition. Die koranische Offenbarung legt in einem Vers der 7. Sure (*al-A'râf,* Die Anhöhen) den Grund für eine Konzeption des Menschen, die so fundamental und wesentlich ist, dass alle Strömungen im islamischen Denken darin übereinstimmen. Den Ausgangspunkt bildet im Islam, nicht anders als im Judentum und Christentum, der Schöpfungsakt. Gott erschuf Adam und Eva, den ersten Mann und die erste Frau, aus denen die ganze Menschheit hervorgehen sollte. Nun wird aber oftmals ein Gegensatz gesehen zwischen dem Schöpfungsakt, wie er im Christentum verstanden wird, und der von Darwin entwickelten Theorie der Evolution der Arten. Der Islam hingegen verwirft diese Theorie nicht, da sich an einigen Textstellen Hinweise auf die Evolution der Arten finden lassen. Sie ist also durchaus mit dem islamischen Denken vereinbar, allerdings unter der Voraussetzung, dass eine gesonderte Schöpfung des Menschen zu einem bestimmten Zeitpunkt dieser Evolution nicht ausgeschlossen wird. Im Übrigen geben auch die Biologen keine endgültige Antwort auf die Frage nach dem Ursprung, zu der es denn verschiedene Hypothesen gibt, die auch heute noch diskutiert werden.

In der islamischen Geschichte der Schöpfung des Menschen wird berichtet, dass Gott, nachdem er den Menschen erschaffen hatte, dessen gesamte Nachkommenschaft versammelte und Zeugnis ablegen ließ:

[...] "Bin Ich nicht euer Herr?" Sie sagten: "Doch, wir bezeugen es!" [...]

Darwin, Charles (1809-1882), britischer Naturforscher und Begründer der modernen Evolutionstheorie. Darwin sammelte im Laufe einer fünfjährigen Schiffsexpedition auf der *Beagle* (1831-1836), in deren Verlauf er die Erde umrundete, zahlreiche Beobachtungen über die Vielfalt der Arten. Dies führte ihn schließlich zur Entwicklung der Evolutionstheorie, die er in dem Werk *Über die Entstehung der Arten durch natürliche Zuchtwahl* (1859) vorstellte. Darwins Theorie der Evolution durch natürliche Selektion wird auch als *Darwinismus* bezeichnet.

Gott ist das Licht der Himmel und der Erde. Das Gleichnis Seines Lichts ist wie eine Nische, worin sich eine Leuchte befindet: Die Leuchte ist in einem Glase. Das Glas gleicht einem funkelnden Stern - angezündet von einem gesegneten Baum, einem Ölbaum, weder östlich noch westlich, dessen Öl beinahe leuchtet, auch wenn das Feuer es nicht berührt. Licht über Licht. Gott leitet zu Seinem Licht, wen Er will. Gott prägt Gleichnisse für die Menschen. Und Gott weiß um alle Dinge.

Koran 24:35

Koran 7:172

So wurde jedem Menschen im Innersten seines Wesens ein ursprüngliches Streben verliehen, seinem Herzen ein Funke eingegeben, der ihn nach Transzendenz und Spiritualität streben lässt. Mircea Eliade hat in seinen Werken immer wieder zum Ausdruck gebracht, dass diese religiöse oder spirituelle Dimension, so sagt er, "ein Element der Struktur des Bewusstseins" ist. Gemäß der muslimischen Tradition gibt es einen Ur-Bund zwischen dem Schöpfer und den Menschen: Im Herzen eines jeden glüht ein Funke, der zugleich Zeugnis und Ausdruck der Transzendenz ist. Dieses natürliche Streben heißt auf Arabisch *Fitra*, d.h. die ursprüngliche Aspiration, die Gott dem Menschen einhaucht. In unserem Herzen, im Innersten unseres Wesens bis hinein in den Mikrokosmos, der uns erfüllt, wird alles von

---

Eliade, Mircea (1907-1986), rumänischer Religionsphilosoph, vergleichender Religionswissenschaftler und Schriftsteller. Seine Werke befassen sich vor allem mit der vergleichenden Geschichte der Religionen und Mythen.

Fitra, arabisch, "Natur, natürliche Veranlagung". *Fitra* bezeichnet als islamischer Begriff die ursprüngliche Ordnung: den Zustand der Harmonie zwischen Mensch, Schöpfung und Gott wie zu Uranfang zwischen Gott und Adam im Garten. *Fitra* bedeutet auch das natürliche Streben aller Wesen nach Transzendenz, nach Frieden, zu Gott.

---

diesem Streben bewegt, das uns auf die Suche nach Transzendenz und Spiritualität schickt. Dieses Streben wirkt in uns, auch ohne dass wir uns dessen bewusst sind. Für diese Dimension steht im islamischen Denken das Licht, *an-Nûr*, ein spiritueller Hauch, der die Menschen durch alle Zeiten hindurch erweckt und in der Offenbarungsgeschichte seine Bestätigung findet. Dieses Licht ist wahrlich eine Offenbarung vor aller Offenbarung.

Diese Offenbarung lebt in jedem von uns. Sie entfaltet sich allmählich, ohne dass wir uns dessen wirklich oder völlig bewusst wären. Gott sendete im Laufe der Geschichte Offenbarungen herab, die auf dieses innere Streben treffen und es bestärken. So begegnen sich denn zwei Lichter. Das Licht der offenbarten Botschaft stößt auf und erweckt den spirituellen Funken. Der berühmte Gelehrte, Jurist und Sufi Abû Hâmid al-Ghazâlî, der im 12. Jahrhundert lebte und aufgrund seines gewal-

---

al-Ghazâlî, Abû Hâmid ibn Muhammad at-Tûsi (1058-1111), geboren und gestorben in Tus (Persien), Philosoph, Theologe, Rechtsgelehrter und Mystiker, einer der größten Denker der islamischen Geistesgeschichte. Zu seinen bekanntesten Werken gehören: *Die Wiederbelebung der religiösen Wissenschaften*, *Der Erretter aus dem Irrtum* und *Die Nische der Lichter*. Sein umfangreiches Gesamtwerk besteht aus über 400 Schriften.

---

tigen Beitrags auf den Gebieten der Wissenschaft, Gelehrsamkeit und Spiritualität den Beinamen *Hudschat al-Islâm* (Beweis des Islam) erhielt, hat eine tiefe Reflexion über den Koranvers angestrengt, in dem von diesen beiden Lichtern gesprochen wird: "*Nûrun 'alâ Nûr*", "Licht über Licht" (Koran 24:35).

Das ursprüngliche innere Licht trifft auf das Licht der Erkenntnis des Herzens. Jeder Mensch trägt aus islamischer Sicht diese ursprüngliche Dimension in sich. Jedem obliegt es, diesen Keim zu hegen und zu pflegen, damit er sich entfalten kann, um sich so mit seiner ursprünglichen Bestimmung als *Zeuge* der Gegenwart Gottes in Einklang zu bringen. Diese Vision vom Menschen steht freilich im Gegensatz zum Denken beispielsweise eines Camus, für den der Glaube da einsetzt, wo die Vernunft endet. Die Vernunft im islamischen Verständnis ist hingegen eine Bestätigung und Fortsetzung des Glaubens. Die Reihenfolge ist hier umgekehrt: Der Glaube ist der erste Funke und die Vernunft

Camus, Albert (1913-1960), französischer Schriftsteller und Philosoph. In seinen Essays (*Der Mythos des Sisyphos*, 1942), Romanen (*Der Fremde*, 1942; *Die Pest*, 1947; *Der Fall*, 1956) und Dramen (*Caligula*, 1945; *Die Gerechten*, 1949) thematisierte Camus die Sinnlosigkeit und Absurdität des menschlichen Schicksals. Nobelpreis 1957.

bereichert ihn. Wir wollen auf ein berühmtes Wort von Pascal zurückgreifen, um den Unterschied deutlich zu machen. Er sagte: "Ein Herz hat seine Gründe, die der Verstand nicht kennt." Um dieses Wort mit der spirituellen Ordnung aus islamischer Sicht in Übereinstimmung zu bringen, muss es folgendermaßen umformuliert werden: "Ein Herz hat seine Gründe, die der Verstand wiedererkennt und anerkennt."

> *“Ein Herz hat seine Gründe, die der Verstand wiedererkennt und anerkennt”*

Das innere Streben geht der Vernunft voraus. Die Vernunft zollt dem Anerkenntnis, was dem Herzen immer schon innewohnt. Bei diesem Erkenntnisprozess bedient sich die Vernunft der Mittel, die Gott uns gegeben hat, damit wir Ihn erkennen können.

Pascal, Blaise (1623-1662), französischer Schriftsteller, Physiker, Mathematiker und Philosoph. Zu seinen wichtigsten Werken gehören die fragmentarisch gebliebenen *Gedanken zur Religion und zu einigen anderen Themen*, die er gesammelt hatte, um eine *Verteidigungsrede für die christliche Religion* zu verfassen. Sie wurden 1670 nach seinem Tod veröffentlicht. Er wollte damit das Elend des Menschen ohne Gott und die Wahrheit des Christentums aufzeigen.

Von der Unschuld zur Verantwortung

Dem Begriff der Erkenntnis geht jener der Anerkenntnis voraus, d.h. das Bewusstsein, Gott zugehörig zu sein, ohne dies im eigentlichen Sinne bewusst zu wissen. Wir sehen Kraft dieses Gedankens, wie tief der Begriff der Welt und ihrer Ordnung in der islamischen Mystik gedacht werden muss. Leider erscheinen die Debatten, die sich heutzutage scharenweise um die Frage des Islam ranken, angesichts derartiger Konzeptionen doch recht oberflächlich. Eine tiefere Betrachtung zeigt auch, dass diese Idee der ursprünglichen Natur des Menschen ausgesprochen bejahend und zuversichtlich ist. So ist beispielsweise die Vorstellung einer Erbsünde dem Islam völlig fremd. Das menschliche Leben ist ursprünglich frei von aller Schuld. Erst ab einem gewissen Alter beginnt der Mensch Verantwortung zu tragen. Ein Kind ist aus islamischer Sicht daher *Muslim*, was von der gleichen Wurzel wie *islâm* stammt und *ergeben* bedeutet, da von Urbeginn an seiner Natur die Anerkenntnis Gottes eingegeben ist, nicht anders übrigens als allen Elementen der Schöpfung überhaupt. Im islamischen Verständnis gilt ein Vogel, der fliegt und mit seinen Flügeln schlägt, als

> “*Den Begriff der Erbsünde gibt es im Islam nicht*”

Muslim, da er einer natürlichen Ordnung unterworfen und zugehörig ist. Ein Baum, der wächst, und ein Kern, der aufkeimt und aus dem eine Pflanze hervorsprießt, sind *Muslim* in dem Sinne, dass sie die Ordnung der Schöpfung Gottes manifestieren und ihr unterworfen sind. Der Mensch muss im Gegensatz zur übrigen Schöpfung die für ihn eigentümliche Anstrengung unternehmen, den Weg von der Unschuld zur Verantwortung zu beschreiten. Doch darin besteht eben zugleich seine Freiheit.

Die bewusste Anerkennung der Gegenwart Gottes ist also für den Menschen, was für den Vogel das Fliegen ist. Der Mensch kann aber nicht dabei stehen bleiben, sondern muss diese Eingebung fortführen, indem er den Weg von der Unschuld zum moralischen Bewusstsein voranschreitet. In der islamischen Überlieferung wird davon berichtet, dass der Prophet Muhammad (ﷺ) eine Vision hatte. Zu jener Zeit waren die ersten Muslime in Mekka Unterdrückung und Verfolgung ausgesetzt. Manche verloren dabei sogar ihr Leben. Der Prophet hatte einen Traum, in dem er die Kinder seiner Peiniger im Paradies sah. Seine Gefährten (Gott möge Wohlgefallen an ihnen finden) fragten nach der Bedeutung dieses Traumes. Der Prophet (ﷺ) gab ihnen im wesentlichen zur Antwort, dass die Kinder unschuldig und für die Taten ihrer Eltern nicht verantwortlich sind.

Diese Überlieferung ist in mehrfacher Hinsicht lehrreich. Zunächst ergibt sich daraus, dass kein Mensch, der das Alter der Verantwortlichkeit nicht erreicht hat, als Sünder angesehen werden darf. Den Begriff der Erbsünde, wie es ihn im Christentum gibt und der in aller Deutlichkeit in den *Confessiones* des Augustinus entwickelt wird, gibt es im Islam eben nicht. Außerdem lehrt uns diese Überlieferung, dass im Islam kein Mensch für die Taten eines anderen Menschen verantwortlich ist und für das, was ein anderer tut, zur Rechenschaft gezogen werden kann. Wenn wir die Geschichte über die Verfehlung von Adam und Eva im Koran (z.B. in der Sure *al-Baqara*, 2:35-38) lesen, verdienen zwei Aspekte unser besonderes Augenmerk. Erstens ergibt sich aus dem Text, dass Adam als erster den Fehler beging und nicht Eva (oder die beiden gemeinsam). Damit wird die Frau von der Schuld für die Ursünde unzweideutig freigesprochen, zumal wenn man überdies weiß, dass diese Verfehlung beiden ohnehin vergeben wurde. Jeder ist für seine eigenen Taten ganz

Augustinus (354-430), nordafrikanisch-weströmischer Theologe, lateinischer Kirchenvater, Philosoph und Morallehrer. Er übte einen unvergleichlichen Einfluss auf die westliche Theologie aus. Zu seinen wichtigsten Werken gehören *Bekenntnisse* und *Über den Gottesstaat*.

allein verantwortlich. Keiner der beiden kann für die Taten des anderen zur Rechenschaft gezogen werden. Zweitens ist zu beachten, dass die Kinder von Adam und Eva nicht mit der Sünde ihrer Eltern belastet sind. Das Bild des Menschen, das sich aus dieser Überlieferung ergibt, ist also zutiefst lebensbejahend und hoffnungsvoll. Denn als oberstes Prinzip gilt die ursprüngliche Unschuld. Der Mensch schreitet von der Unschuld, die ihn zum Muslim kraft seiner Natur macht, zur Verantwortung, die ihn zum Muslim kraft bewusster Entscheidung macht. Das ist der Sinn und der Anspruch der Glaubensbezeugung (*Schahâda*): "Es gibt keinen Gott außer Gott und Muhammad ist Sein Gesandter."

Herz und Verstand

Der Mensch bezeugt also ganz bewusst und in voller Entscheidungsfreiheit, über die er dank seines Wesens verfügt. Er schreitet auf diesem Weg von der Ebene der ursprünglichen Herzenskraft, die ihn unwillkürlich nach Gott streben lässt, hinauf auf die Ebene des denkenden Bewusstseins, das Bestätigung durch den Verstand findet. Mit der *Schahâda* bezeugt der

Schahâda, islamische Glaubensbezeugung: "Ich bezeuge, dass es keinen Gott gibt außer Gott und dass Muhammad Sein Gesandter ist."

Muslim, dass es einen einzigen Gott und außer Ihm keine andere Gottheit gibt. Das markiert den Übergang von der Unschuld zur Verantwortung, d.h. den Übergang vom Funken im Herzen zur Beglaubigung durch den Verstand. Der Glaube ist also erst dann vollkommen, wenn er von der tätigen und urteilenden Vernunft besiegelt wird.

Dieses Prinzip ist für das Verständnis des islamischen Menschenbildes von zentraler Bedeutung. Beide Dimensionen des Lebens sind notwendig: einerseits Glaube als Streben und andererseits Vernunft als Beglaubigung. Der Mensch bedarf dieser beiden Dimensionen, um in Einklang mit seinem Wesen leben zu können. Im Islam gibt es keinen Gegensatz zwischen Herz und Verstand, zwischen Offenbarung und Vernunft. Das widerspricht freilich der Position eines Camus, wie wir gesehen haben, oder auch eines Kant, der sinnbildlich für die Tradition der westlichen Philosophie stehen kann, wenn er in seiner *Kritik der reinen Vernunft* sagt: "Ich musste

---

Kant, Immanuel (1724-1804), deutscher Philosoph. In seinem erkenntnistheoretischen Werk *Kritik der reinen Vernunft* (1781) untersuchte Kant die Bedingungen der Möglichkeit von Erkenntnis überhaupt und definierte die Grenzen der Erkenntnisfähigkeit der Vernunft. Zu seinen moralphilosophischen Werken gehören *Grundlegung zur Metaphysik der Sitten* (1785) und *Kritik der praktischen Vernunft* (1788).

---

also das Wissen aufheben, um zum Glauben Platz zu bekommen." Er folgt damit einer Konzeption des Menschen, in der das Wissen eine Grenze hat, jenseits derer der Glaube anfängt. Glaube setzt da ein, wo Wissen aufhört. Wenn die Fähigkeit der Vernunft, Antworten zu geben, überfordert ist, tritt der Glaube an ihre Stelle. Diese Idee ließe sich geradezu in einem einzigen Satz zusammenfassen: "Ich glaube, wenn ich nicht mehr weiß."

Im Islam ist hingegen der Glaube der Funke, welcher der Vernunft vorausgeht, die ihrerseits die innere Gewissheit, die im Grunde des Herzens jedes Menschen glüht, bestärkt, festigt und bestätigt. Es handelt sich hier also um unterschiedliche Konzeptionen, die nicht ohne weiteres miteinander vereinbar sind. Daher ist es in unserer pluralistischen Kultur notwendig, eine grundlegende Reflexion und Debatte über das Wesen des Menschen anzustrengen. Sonst laufen wir Gefahr, Missverständnissen zum Opfer zu fallen oder auf der trügerischen Grundlage oberflächlicher Übereinstimmungen in der Wortwahl den bloßen Anschein eines Zusammenlebens zu erwecken, statt auf der ganzen Tiefe unserer Konzeptionen aufzubauen.

Hinsichtlich der Ver-antwortlichkeit des Menschen zwischen der Unschuld, die zur Verantwortung heranwächst, und der Vernunft, welche die ursprüngliche Eingebung bestätigt, finden wir im Koran mehrfach folgende Aussage:

> *[...] Niemand trägt die Last eines anderen [...]*
>
> Koran 17:15

Wir greifen hier einen wichtigen Gedanken noch einmal auf: Jeder Mensch ist ausschließlich für seine eigenen Taten verantwortlich. Allerdings könnten sich angesichts des großen Gewichts, das im Islam dem Gedanken der Gemeinschaft und also der Kollektivität zukommt, Fragen im Hinblick auf die wirkliche Autonomie des Individuums stellen. Tatsächlich misst der Islam dem Gedanken der Gemeinschaft, der *Umma*, ja einen sehr hohen Stellenwert bei. Die kollektive Dimension spielt also im Leben der Muslime eine wichtige Rolle, steht aber immer in Einklang mit einem hoch entwickelten Bewusstsein individueller Verantwortlichkeit. Die Gemeinschaft hilft dem Einzelnen die Last seiner Individualität zu tragen. Sie ist der Raum für die Entfaltung der Würde des Individuums, ohne Gefahr zu laufen, einem schrankenlosen Individualismus zu ver-

> “*Im Islam gibt es keinen Gegensatz zwischen Herz und Verstand, Offenbarung und Vernunft*”

---

umma, *Gemeinschaft der Gläubigen, Einheit über alle ethnischen, kulturellen und politischen Unterschiede und Grenzen hinweg. Spirituelle Glaubensgemeinschaft im Islam, die alle Muslime und Musliminnen vereint.*

---

fallen. Dieses Verständnis erlaubt dem Einzelnen die Entfaltung seiner Individualität, ohne in das Extrem zu geraten, immer nur sich selbst in den Mittelpunkt zu stellen, egozentrisch zu werden. ■

3

Der Sinn des Lebens

DIE Darstellung des islamischen Menschenbildes gibt nun den Blick auf weitere Fragen frei: Worin besteht die Herausforderung des menschlichen Lebens? Worin liegt der Sinn dieser Prüfung? Im Koran heißt es:

Der den Tod erschaffen hat und das Leben, dass Er euch prüfe, wer von euch der Beste ist im Handeln [...]

Koran 67:2

Im Herzen jedes Menschen glüht zugleich das ursprüngliche Streben und die Liebe zum Guten. Wie kommt dies zum Ausdruck? In der Sure *al-Hudschurât* (Die Gemächer) heißt es:

[...] Doch Gott hat euch den Glauben lieb gemacht und ihn schön geschmückt in euren Herzen. [...]

Koran 49:7

In dieser Spähre des Glaubens, im inneren Frieden mit dem Schöpfer verspüren alle Wesen diesen Atem, in dem sie ihr spirituelles Wohlergehen finden. In jedem Menschen ist ein Zustand des inneren Friedens angelegt, den er in seinem tiefsten Herzen als Seelenruhe empfindet. Gott hat diesen Zustand dem Herzen lieb gemacht, diese Empfindung, mit sich selbst in Einklang zu sein, wenn er in der Transparenz seines Herzens, seiner Seele und seiner Taten zu leben versteht. Gott hat dem Menschen eingegeben, nach diesem Zustand liebend und unablässig suchend zu streben. Darauf haben die muslimischen Exegeten immer wieder hingewiesen.

Die Sünde wiederum wird bestimmt als Beeinträchtigung, als Verlust dieses Friedens. Eine Überlieferung berichtet, dass der Prophet Muhammad (ﷺ) von einem Mann gefragt wurde, was eine Sünde ist. Der Prophet (ﷺ) antwortete:

> "*Etwas, das deinem Herzen keine Ruhe lässt und von dem du nicht möchtest, dass die Leute es erfahren.*"
>
> Hadîth, von Muslim überliefert

Jeder von uns trägt in seinem Inneren Geheimnisse, die er lieber für sich behalten möchte, Dinge, derer er sich schämt, die seinem Gewissen keine Ruhe lassen und Unbehagen bereiten, weil er bewusst oder unbewusst weiß,

---

Exeget, jemand, der Exegese treibt; griechisch *exegesis*, "das Erklären, Auslegung"; wissenschaftliche Erklärung und Auslegung eines Textes.

---

dass das, was er getan hat, nicht in Einklang mit seinem innersten Wesen steht, dass er durch diese Handlung in Konflikt mit seiner *Fitra*, seiner ursprünglichen menschlichen Natur geraten ist.

> “*Das Herz des Menschen birgt den Keim des Guten und zugleich die Möglichkeit der Verfehlung*”

Der Mensch wurde mit dieser angeborenen Suche nach Liebe und Frieden erschaffen. Aber er wird zugleich von widersprüchlichen Gefühlen hin und her gerissen, da auch schlechte Neigungen und Leidenschaften in seiner Brust hausen. Das bedeutet nicht, dass der Mensch von Natur aus Sünder ist, sondern dass er einen Kampf, eine Anstrengung der Selbstbeherrschung unternehmen muss, um der Versuchung der Sünde zu widerstehen. Im islamischen Verständnis ist das Wesen des Menschen weder ausnahmslos gut noch von Grund auf schlecht. In ihm lauert die Fähigkeit, Gutes wie Schlechtes zu tun. Sein Herz birgt den Keim des Guten und zugleich die Möglichkeit der Verfehlung. So obliegt es jedem Einzelnen, für sein Seelenheil zu sorgen und seine besten Fähigkeiten zur Erlangung des inneren Friedens einzusetzen. Gott gibt im Koran eine aufschlussreiche Metapher, die vom Umgang mit Geld handelt:

Und lasse deine Hand nicht [aus Geiz verschlossen] an deinen Hals gefesselt sein, und strecke sie auch nicht [verschwenderisch] so weit geöffnet aus, dass dir Vorwürfe gemacht werden und du es bereuen musst.

Koran 17:29

Wir müssen also lernen, den rechten Umgang mit den Fähigkeiten und Eigenschaften zu finden, die Gott uns verliehen hat, so dass wir einerseits uns selbst nicht vernachlässigen sowie andererseits freigiebig bleiben und die Anderen an unserem Wohl teilhaben lassen.

Die Entscheidung - zwischen Vergessen und Erinnerung

Dies gilt auch für den Begriff des Ego. Wir verspüren manchmal egoistische Neigungen, stellen mitunter unser eigenes Ego in den Vordergrund. Das Ego, das Ich, kann so einen dominierenden Platz einnehmen. Wenn das Ego zu großen Raum einnimmt, stellen sich leicht Hochmut, Eitelkeit, Geiz und Habsucht ein, wodurch mitunter sogar Gewaltausbrüche verursacht werden können. Wir sind nicht von Natur aus gewaltlos und friedfertig. Wer Kinder hat oder zumindest Kinder erlebt hat, weiß darum. Heutzutage wird oftmals in einer Weise von Gewaltfreiheit gesprochen, dass der Eindruck entstehen kann, Kinder seien geradezu anormal, während doch eigentlich davon auszugehen ist, dass Gewalt ursprünglich normal ist. Dieser ursprünglichen Gewalt ist allerdings eine bewusste Anstrengung der Selbstbeherrschung entgegenzusetzen. Gewalt kann nur so überwunden werden.

Die Prüfung des Menschen besteht in diesem Kampf, in dem er zwischen der Liebe zum Guten und der Versuchung durch schlechte Neigungen wie Gewaltbereitschaft, Geiz und Egoismus hin und her gerissen wird. Das Ich, dem keine Grenzen gesetzt werden, droht alles andere zu verdrängen und jeden Sinn für Demut zu verlieren. Eitelkeit und Habsucht aber verneinen Gott und verbannen den Schöpfer aus dem Leben dessen, der nichts anderes als sein eigenes Ego kennt. Der Mensch befindet sich stets in der spannungsgeladenen Schwebe zwischen diesen beiden Tendenzen: in der Achtung vor der Schöpfung in Einklang mit sich selbst leben oder den Leidenschaften erliegen und den Seelenfrieden verlieren. Zwischen diesen beiden Kräften, den Versuchungen und Leidenschaften einerseits und dem Ideal andererseits, müssen wir uns entscheiden. Diese Entscheidung ist Ausdruck unserer Würde und vermittelt diese zugleich. Sie ist Prüfung und Sinn unseres Menschseins, unserer Humanität.

Auf Geheiß des Schöpfers verneigten sich alle Engel vor dem Menschen, um dem Wissen und der Freiheit, die den Menschen auszeichnen, ihre Achtung zu erweisen. Mit Ausnahme

Satans, der sich dem Gebot widersetzte und seine Auflehnung mit folgenden Worten erklärte: "Ich bin besser als er." Gott hat den Engeln geboten, sich vor dem Menschen niederzuwerfen, um deutlich zu machen, dass dem Menschen die Würde zueigen ist, Wissen zu erwerben und Entscheidungen treffen zu können, während die Engel durch die Schöpfung zu unbedingtem Gehorsam bestimmt wurden.

Die Dimension der Entscheidung ist im Islam von ganz grundsätzlicher Bedeutung. Denn sie befähigt den Menschen, entweder sich zu erheben oder sich noch unter die Tiere zu erniedrigen. Das Wirken dieser beiden Tendenzen wird im Koran an vielen Stellen geschildert. Bei der Beschreibung des Umgangs mit der Nahrung beispielsweise vergleicht der Koran die übermäßigen Esser mit Wesen, die noch unter den Tieren stehen: Sie haben den Sinn der Ernährung derart vergessen, dass sie eigentlich nicht mehr essen, sondern bewusstlos in sich

---

Satan. Im Islam ist Satan im Unterschied zur christlichen Theologie kein "gefallener Engel". Er ist ein *Dschinn*, ein aus Feuer erschaffenes Geschöpf, während die Engel aus Licht erschaffen sind. Die Tatsache, aus Feuer erschaffen zu sein, verleitet Satan zu der hochmütigen Behauptung, besser zu sein als der Mensch, da dieser nur aus Erde erschaffen wurde.

Basmala: Bismillah ar-Rahmân ar-Rahîm ("Mit dem Namen Gottes, des Allerbarmers, des Barmherzigen"). Muslime sprechen diese Worte vielmals am Tag, beispielsweise zu Beginn des Gebetes und eigentlich vor jeder Handlung, um damit zum Ausdruck zu bringen, dass sie ihre Taten im Gedenken an Gott verrichten.

hineinschlingen, sich nur noch voll stopfen. Ihnen ist die Einsicht in den Sinn dieser Handlung völlig abhanden gekommen, die doch an sich ein Akt der Anbetung sein kann, wenn sie würdevoll und gesittet vollzogen wird.

> “*Der Mensch muss sich zwischen zwei gegensätzlichen Tendenzen entscheiden: sich erheben oder sich erniedrigen*”

Dem Menschen ist aufgegeben, nach dem Gleichgewicht zu suchen. Dafür müssen wir den Schlüssel kennen, der uns den Übergang von einem Zustand zum anderen erschließt. Das führt uns zu einem zentralen Begriff im Islam: Das Vergessen Gottes ist zugleich das Vergessen seiner selbst. Im Koran heißt es:

Und seid nicht gleich jenen, die Gott vergaßen und die Er dann sich selbst vergessen ließ! [...]

Koran 59:19

Wer Gott vergisst, lebt schließlich nur noch für sich selbst, in sich selbst gefangen, im Gefängnis seines eigenen Ego. Der Mensch schwankt ständig zwischen Vergessen und Erinnerung. Von Natur aus neigt der Mensch dazu, Gott zu vergessen. Der Sinn unseres Daseins besteht darin, dass wir unablässig darum ringen müssen, uns vom stets möglichen Vergessen (*an-Nisyân*) zu befreien und zur Würde der Erinnerung, des Gedenkens (*adh-Dhikr*) zu erheben. Der Erinnerung kommt im Islam eine herausragende Stellung zu. Das Gedenken an Gott erfordert Beständigkeit und intensive Bemühung in der spirituellen Reflexion und Erziehung. Das heißt, um das oben erwähnte Beispiel vom Essen wieder aufzugreifen, dass ein Muslim, statt im Vergessen hineinzuschlingen, sich der Präsenz Gottes erinnert, indem er vor dem Essen Seinen Namen anruft und Ihm nach dem Speisen Dankbarkeit erweist. Jeder Handlung geht folgendes Wort voraus: "*Bismillah ar-Rahmân ar-Rahîm*" (im Namen Gottes, des Allerbarmers, des Barmherzigen), eingedenk der Tatsache, dass wir im Lichte und unter dem Schutz der göttlichen Transzendenz handeln.

Das Heilige und das Profane

Weit über diese spezifische Handlung und dieses Wort hinaus wird damit das gesamte Verständnis des Heiligen und des Profanen in ein anderes Licht getaucht. Die islamische Konzeption dieser beiden Kategorien unterscheidet sich erheblich von der in der westlichen Tradition vorherrschenden Definition, die sich im Zuge des Säkularisierungsprozesses herausgebildet hat. Im Islam gilt jede Handlung, die im Gedenken an

Dhikr, arabisch, "Gedenken, Erinnerung"; *Dhikr Allâh* "Gedenken an Gott", "Erinnerung an Gott" z.B. als Anrufung der Namen Gottes oder der Rezitation des Koran.

Gott vollzogen wird, als heilig. Die Erinnerung verleiht jeder Handlung eine spirituelle Dimension. Dies gilt auch und sogar für den Geschlechtsakt. In mehreren Überlieferungen wird davon bericht, dass der Prophet (ﷺ) seine Gefährten gemahnte:

> "*Ein Gruß ist eine* Sadaqa *[eine gottgefällige Gabe]. Eine Gabe ist eine* Sadaqa. *Ein Lächeln für einen Bruder ist eine* Sadaqa. *Und wenn du Verkehr mit deiner Frau hast [im Gedenken an Gott], ist dies ebenfalls eine* Sadaqa."

Letzteres erstaunte die Gefährten, die sich fragten, wie es sein könne, dass man für die Befriedigung einer Begierde belohnt werde. Der Prophet (ﷺ) erklärte ihnen:

Heilig etwas, das in Beziehung zur Religion, zur Transzendenz, zu Gott steht; im Islam alle Handlungen, die im Gedenken an Gott verrichtet werden.

Profan etwas, das im Unterschied zum Heiligen keine Beziehung zur Religion hat; im Islam jede Handlung, die ohne Gedenken an Gott verrichtet wird.

Säkularisation Historischer Prozess der Loslösung von Individuum, Staat und Gesellschaft von Bindungen an die Kirche; Trennung von Kirche und Staat.

Sadaqa arabisch, von der Wurzel *Sadaqa* "die Wahrheit sagen, aufrichtig sein"; freiwillige (im Gegensatz zur *Zakât*, die Pflicht ist) gottgefällige Gabe, Spende.

"Wie wäre es, wenn man sie in verbotener Weise erfüllte: Beginge man dann nicht eine Sünde? Wenn man es allerdings in gebührlicher Weise tut, verdient man eine Belohnung."

Hadîth, von Muslim überliefert

Der Islam taucht die Sexualität nicht in ein negatives Licht. Wenn Sexualität jedoch auf das rein Körperliche herabgesetzt wird, kann sie zu einer Sünde werden. Die Negativität liegt also nicht im Akt selbst, sondern vielmehr in der Art und Weise seines Vollzugs. Die Ausführung des Aktes im Lichte des Glaubens verleiht ihm eine spirituelle Dimension, heiligt ihn.

> „*Im Islam gilt jede Handlung, die im Gedenken an Gott vollzogen wird, als heilig*"

Gott hat uns Begierden verliehen und uns nicht verboten, sie zu befriedigen. Er gebietet uns aber, dass wir unsere Bedürfnisse auf würdevolle Weise und niemals in Vergessenheit erfüllen. Wir erfahren daher die unablässige Spannung zischen Vergessen und Erinnerung. Zeit unseres Lebens müssen wir diesen Kampf führen, einen Kampf, der darin besteht, uns immer wieder zu besinnen, während alles um uns herum ins Vergessen lockt.

Im Hinblick auf den Kampf, den wir gegen unsere eigene Gewaltneigung führen müssen, können wir auf das Vorbild verweisen, das der Prophet (ﷺ) gab, als er seine Gefährten befragte:

"Wer ist der Stärkste von euch?" Ein Mann antwortete: "Der seinen Gegner niederringt." Darauf erwiderte der Prophet (ﷺ): "Der wahrhaft Starke ist nicht derjenige, der in einem Ringkampf siegt, sondern der wahrhaft Starke ist derjenige, der seinen Zorn beherrscht."

Hadîth, von al-Bukhârî überliefert

Die Überwindung des Zorns verlangt eine innere Anstrengung der Selbstbeherrschung. Und das erste Feld der spirituellen Erfahrung ist unser Herz. Harmonie und innerer Friede stellen sich nur ein als Ergebnis einer intensiven Arbeit jedes Einzelnen an sich selbst, einer inneren Erfahrung. Die spirituellen Fähigkeiten sind uns nicht in voller Reife angeboren. Wir tragen zwar ihre Keime in uns, aber es obliegt uns selbst - und das ist der Sinn unserer Prüfung - sie zu hegen und zu pflegen, sie groß zu ziehen und zur Entfaltung zu bringen. Wir müssen diese Fähigkeit schützen, denn es droht stets die Gefahr, dass durch die Umstände bedingt anstelle der Vorzüge Makel hervortreten.

Die Vorstellung einer vollkommenen und endgültigen Gewaltlosigkeit gibt es im Islam nicht. Es wird immer wieder gesagt, dass die Gewaltlosigkeit Ausdruck der Beherrschung und Überwindung der Gewalt sei. Das mag im allgemeinen zutreffen. Es kann sich aber unter bestimmten Bedingungen ergeben, dass die Gewaltlosigkeit paradoxerweise zu einem Akt der Gewalt wird, beispielsweise wenn man im Namen der Gewaltlosigkeit jedem Konflikt aus dem Weg geht und damit die Errichtung von Diktatur und Tyrannei zulässt. Zunächst müssen natürlich friedliche Lösungen gesucht werden, so weit dies irgend möglich ist. Dieses Ansinnen findet aber da seine Grenze, wo die Ablehnung der Gewalt in Selbstaufgabe umschlägt und Widerstand daher zum Gebot der Würde wird. Im Namen der Gewaltlosigkeit lassen sich gute und mutige ebenso wie schlechte und feige Taten rechtfertigen.

Die Anstrengung der Selbstbeherrschung

Der schwierigste und verdienstvollste Kampf des Menschen besteht darin, den rechten Weg zu finden zwischen dem, was ist, dem, was wir sind, und dem, was sein soll. Diese Anstrengung heißt im Islam *Dschihâd*.

Auch hier sei wieder daran erinnert, wie wichtig es ist, ganz genau auf die Worte und ihre Bedeutungen zu achten. Bei einem meiner Vorträge sprach ich von der Dimension des *Dschihâd*. Einige Personen stießen erst mitten im Vortrag dazu und hörten unvermittelt das Wort *Dschihâd*, dessen Bedeutung im islamischen Denken ihnen nicht bekannt war. Eine dieser zu spät gekommenen Personen sagte nach der Veranstaltung, dass die Position der Muslime zum *Dschihâd*, zum "Heiligen Krieg", doch zwangsläufig zu Konflikten mit Nicht-Muslimen führen müsse. Diese Person kannte aber den umfassenden Sinngehalt dieses Begriffes gar nicht, den ich vor ihrem Eintreffen erläutert hatte, insbesondere die Bedeutung der spirituellen Anstrengung im Islam, also der grundlegenden Bedeutung von *Dschihâd*. Man kann nicht behaupten, einen Begriff verstanden zu haben, ohne alle seine Definitionen, Bedeutungsnuancen und auch seine Geschichte zu kennen.

> “*Dschihâd* ist vor allem spirituelle Anstrengung als Weg zur Verwirklichung unserer Menschenwürde vor Gott”

In der arabischen Sprache bezeichnet *Dschihâd an-Nafs* die Anstrengung, die der Mensch unternimmt, wenn er an sich selbst arbeitet, um seine Würde als Mensch zu verwirklichen, indem er gegen die in ihm angelegte Neigung zu Gewalt, Zorn, Habgier und Egoismus ankämpft. Dies hat offensichtlich nichts mit "Heiligem Krieg" zu tun. Solche Fehlinterpretationen treten allerdings nur allzu oft auf, wenn eine bestimmte historische Bedeutung eines Begriffes fixiert und so getan wird, als könne dieser Begriff bruchlos auf alle Zeiten und Orte übertragen werden. Die Kreuzzüge wurden von beiden Seiten als heilige Kriege betrachtet. Die Muslime, gegen die diese Angriffskriege gerichtet waren, verwendeten den Begriff des *Dschihâd* im Sinne ihrer Tradition:

Als Angegriffene und Belagerte unternahmen sie die Anstrengung des Widerstands. Der Begriff des *Dschihâd* wurde sodann vorschnell und ohne Berücksichtigung der Bedeutungsunterschiede mit "Heiliger Krieg" übersetzt und somit das christliche Verständnis der Kreuzzüge einfach übertragen. Das Wort *Dschihâd* kann zwar Krieg (im Sinne eines Verteidigungskrieges) bedeuten, aber es hat darüber hinaus einen viel wichtigeren, umfassenderen und tieferen Sinn. *Dschihâd* bezeichnet die Anstrengung der Vermittlung zwischen dem ursprünglichen Streben, das uns zu Gott ruft, und unserer Lebensrealität, in der wir all dem widerstehen müssen, was uns zum Vergessen verleitet. Diese spirituelle Anstrengung ist der Weg zur Verwirklichung unserer Menschen-würde vor Gott.

Der Begriff der Anstrengung verweist auf zwei wesentliche Aspekte. Es wird erstens deutlich, wie unabdingbar und zentral die Dimension des Anspruchs und der Anforderung ist, die das islamische Denken durchzieht. Wachsamkeit des Herzens und des Bewusstseins ist im täglichen Leben eines Muslim stets gefordert. Das verlangt einen hochentwickelten Verantwortungssinn und ein unablässiges Ringen, um in der Welt, in unseren Gesellschaften als aktiv Handelnde bestehen zu können und nicht als bloße Zuschauer oder gar ewige Opfer am Rande zu stehen. Muslime sind einer Ethik und einer Botschaft verpflichtet, für die sie mit ihrem

Handeln zeugen. Muslime tragen eine Verantwortung, eine Pflicht, eine Aufgabe in dem Sinne, dass sie dazu angehalten sind, am Leben ihrer Gesellschaften aktiv teilzunehmen. Nur wer für sich selbst Verantwortung zu tragen versteht, kann diese auch für seine religiöse Gemeinschaft und für die Gemeinschaft aller Menschen übernehmen.

Der zweite Aspekt verweist auf den Weg in die umgekehrte Richtung, den Weg nach innen, indem wir uns unserem Innenleben, unserer Spiritualität und der Selbstbeherrschung widmen. Während diese Vorstellung manchen Kulturen Schwierigkeiten zu bereiten scheint, ist sie für andere Kulturen ganz unverzichtbar, zu denen gewiss die islamische, aber beispielsweise auch die hinduistische und die buddhistische Kultur gehören, unverzichtbar eben für alle spirituellen Lebensformen, denen die geistige Arbeit an sich selbst und das Ringen des Herzens als Grundlage aller Reform und Besserung gilt.

Im Islam erscheint diese Disziplin in der Form einer spezifischen Praxis, in deren Mittelpunkt als spiritueller Übung Erinnerung und Gedenken stehen, die mannigfache Gestalten annehmen können: das Gebet fünfmal täglich, das Fasten, die läuternde Sozialabgabe (*Zakât*) und die Pilgerfahrt. Jede dieser Säulen verlangt eine beständige Disziplin in der Beherrschung seines Körpers, seines Geldes, seiner Zeit sowie seines ganzen Lebens und Wesens überhaupt. Was der Mensch aus sich selbst, aus seinem Leben macht, ist Ausdruck seiner Beziehung zu Gott. ■

Die fünf Säulen des Islam

• *Schahâda*, islamisches Glaubensbekenntnis: "*Aschhadu an lâ ilâha ill-Allâh, wa aschhadu anna Muhammadan rasûl-Allâh*" ("Ich bezeuge, dass es keinen Gott gibt außer Gott, außer Allâh, und ich bezeuge, dass Muhammad Sein Gesandter ist.") Das aufrichtige Annehmen des Glaubensbekenntnisses führt zur Hingabe (*Islâm*) an Gott. Grundlage, Mittelpunkt und Bestimmung des Muslimseins. Dies ist die erste Säule des Islam.

• *Salât*, rituelles Pflichtgebet, fünfmal täglich: morgens (*Salât al-Subh*), vor Sonnenaufgang; mittags (*Salât adh-Dhuhr*), wenn die Sonne im Zenit steht; nachmittags (*Salât al-'Asr*); abends (*Salât al-Maghrib*), nach Sonnenuntergang; und nachts (*Salât al-'Ischâ'*), in der Nacht. Dies ist die zweite Säule des Islam. Dies ist die zweite Säule des Islam.

• *Zakât*, läuternde Sozialabgabe, die jährlich auf den Besitz eines Muslim ab einer bestimmten Höhe erhoben wird (Gold, Geld, Vieh, landwirtschaftliche Erzeugnisse, Handelswaren). Sie ist für acht Kategorien von Bedürftigen bestimmt, die im Koran genannt werden:

Wahrlich, die Zakât-Mittel sind ausschließlich bestimmt für die Armen, die Bedürftigen, die mit der Verwaltung der Zakât Beauftragten, diejenigen, deren Herzen versöhnt werden sollen, die

[Befreiung von] Unfreien, die [Entschuldung der] Schuldner, auf Gottes Weg und für den [in Not geratenen] Reisenden, als Verpflichtung von Gott. Und Gott ist allwissend, allweise.

Koran 9:60

Dies ist die dritte Säule des Islam

- *Saum*, rituelles Fasten: Enthaltung von Essen, Trinken und sexuellen Beziehungen während des Tages von Morgendämmerung bis Sonnenuntergang im Monat Ramadan, dem neunten Monat des islamischen Mondkalenders. Dies ist die vierte Säule des Islam.

- *Hadsch*, große Pilgerfahrt nach Mekka (auf der arabischen Halbinsel) zu einem festgelegten Zeitpunkt im Jahr, Pflicht einmal im Leben für jeden Muslim, der körperlich und finanziell dazu in der Lage ist, ohne seine sonstigen Verpflichtungen zu vernachlässigen. Dies ist die fünfte Säule des Islam.

4

Die Welt als Buch

Anspruch und Disziplin sind wesentliche Dimensionen der spirituellen Entwicklung, denn die Anstrengung der Erinnerung festigt uns auf dem Weg, jenem Weg, der so zentral ist für das islamische Denken und auf Arabisch *Scharî'a* genannt wird. Auch hier müssen wir zunächst darauf hinweisen, dass der Gebrauch, den die Medien von diesem Wort machen, es seiner wesentlichen Bedeutung beraubt. Diesem Begriff kommt im Islam ein mindestens ebenso hoher Stellenwert zu wie der spirituellen Anstrengung und dem Widerstand (*Dschihâd*). Viele Medien und manche muslimische wie nicht-muslimische Intellektuelle präsentieren heutzutage leider bestimmte Begriffe in der radikalsten, verzerrtesten und gehässigsten Form, obwohl ihnen bewusst sein sollte, dass sie damit im Grunde nur jenen Muslimen in die Hände arbeiten, die ihre aggressive und primitive Sicht des Islam verbreiten wollen.

Der Weg

Scharî'a bedeutet wörtlich "der Pfad, der zur Quelle führt". Allzu oft wird darunter aber nicht

---

Scharî'a Es gibt mehrere Definitionen des Begriffs der Scharî'a. In den Fachgebieten der islamischen Wissenschaften kommen ihm unterschiedliche Bedeutungen zu. Es seien eine weite und eine enge Definition vorgestellt:

- *Scharî'a:* ausgehend von der Wurzel des Wortes erschließt sich seine Bedeutung als "Weg, Pfad, der zur Quelle führt" und davon abgeleitet als umfassendes Verständnis der Schöpfung, des Daseins, des Todes und der Lebensweise, die sich aus der normativen Interpretation und Auslegung der Schriften ergibt. *Scharî'a* in diesem Sinne bestimmt das "Wie Muslimsein".
- *Scharî'a:* in den Fachgebieten der *Usûl al-Fiqh* (Grundlagenwissenschaft des islamischen Rechts) und des islamischen Rechts bezeichnet der Begriff der *Scharî'a* den Korpus allgemeiner Regeln und Prinzipien des islamischen Rechts, die aus den beiden Hauptquellen Koran und Sunna unter Zuhilfenahme weiterer Quellen (in erster Linie *Idschmâ'* und *Qiyâs*, in zweiter Linie *Istihsân*, *Istislâh*, *Istishâb* und *'Urf*) abgeleitet werden.

[*Idschmâ':* Konsens, einhellige oder mehrheitliche Übereinstimmung; *Qiyâs:* Rechtsfindung auf der Grundlage eines Analogieschlusses; *Istihsân:* Anwendung der "juristischen Präferenz"; *Istislâh:* Rechtsfindung im Hinblick auf das Allgemeininteresse; *Istishâb:* Annahme der Kontinuität eines Sachverhalts; *'Urf:* Sitten und Gebräuche.]

---

mehr verstanden als die Anwendung von Strafgesetzen, die für Diebe das Abtrennen der Hand und für Unzucht Steinigung vorsehen. So wird dieses Wort in der Tat auch von Muslimen selbst gebraucht, die meinen, dass eine Gesellschaft nur dann eine islamische werden könne, wenn man mit der brutalsten Repression beginne. Dies ist allerdings die Meinung einer Minderheit. Die große Mehrheit der Muslime denkt da ganz anders. Nach islamischer Auffassung gibt Gott uns verschiedene *Hilfen* an die Hand. Die erste Hilfestellung, die Gott dem menschlichen Verstand gibt, manifestiert sich in einer Offenbarung in zweierlei Gestalt.

In der Literatur der Renaissance beispielsweise bei Montaigne und Rabelais tauchte ein neuer Begriff auf: *Das Buch der Welt*. Diese Idee ging aus einer fruchtbaren Begegnung zweier Kulturen hervor, der Begegnung zwischen der westlichen Tradition in Gestalt der Universitäten in Italien und Spanien einerseits und dem isla-

---

Renaissance Epoche der europäischen Geschichte vom 14. bis 16. Jahrhundert, gekennzeichnet von tief greifenden Veränderungen in Literatur, Kunst und Wissenschaft sowie in Wirtschaft und Gesellschaft mit den "großen Entdeckungen" und der Geburt des modernen Kapitalismus. Es entsteht eine humanistische Moral, die gleichermaßen durch den Enthusiasmus von Rabelais wie den Skeptizismus von Montaigne geprägt ist.

---

mischen Universum und dessen Konzeption der Beziehung zur Offenbarung andererseits. Diese Idee geht freilich in Wirklichkeit noch weiter zurück. Denn in der islamischen Welt sprach man schon im 9. Jahrhundert vom *aufgeschlagenen Buch, al-Kitâb al-Manschûr*. Gott beschreibt in der koranischen Offenbarung die Elemente der Natur als *Zeichen*. Überall gibt es Zeichen Seiner Präsenz:

Es preisen Ihn die sieben Himmel und die Erde und wer darinnen ist. Es gibt nichts, was Sein Lob nicht preist. Ihr aber versteht ihre Lobpreisung nicht. […]

Koran 17:44

Zur Veranschaulichung wollen wir uns einen Baum vorstellen. Wer einen Baum betrachtet,

---

Montaigne, Michel Eyquem de (1533-1592), französischer Schriftsteller und Philosoph, einer der bedeutendsten Autoren der Renaissance. In seinen *Essays* (1580) thematisierte er die Vergeblichkeit der Suche des Menschen nach Wahrheit und Gerechtigkeit. Seine Reiseerfahrungen beschrieb er in *Reisen durch die Schweiz und Italien* (1581).

Rabelais, François (1494-1553), französischer Schriftsteller, einer der großen Humanisten der Renaissance. In seiner Betonung des individuellen Schöpferwillens ist er vollkommener Ausdruck des Künstlerideals der französischen Renaissance. Zu seinen Werken gehören *Die schrecklichen Heldentaten des berühmten Pantagruel* (1532) und *Das höchst schreckliche Leben des großen Gargantua* (1534).

---

mag nichts weiter als einen Baum sehen. Der Mensch allerdings, der in das Licht der göttlichen Offenbarung taucht, erblickt in diesem Baum die Manifestation und Gegenwart Gottes. Er sieht darin ein Zeichen, so wie auch alle anderen Elemente der Schöpfung sich als Zeichen offenbaren können, wenn man sie mit dem inneren Auge des Glaubens zu betrachten versteht.

Das Wesentliche liegt nicht in der äußeren Form der verschiedenen gottesdienstlichen Handlungen, sondern vielmehr in dem in ihnen ausgedrückten Streben, in ihrem Sinn. Der Prophet Muhammad (ﷺ) hatte die ganze Nacht hindurch geweint. Als Bilal, der Muezzin, ihm zur morgendlichen Gebetszeit begegnete und sich besorgt nach seinem Zustand erkundigte, antwortete der

---

Bilal, gestorben 641, Prophetengefährte. Er gehörte zum engsten Gefährtenkreis des Propheten Muhammad. Als aus Abessinien stammender Sklave bekannte er sich zum Islam und wurde vom Prophetengefährten Abû Bakr aus der Sklaverei befreit. Bilal trat sodann in den Dienst des Propheten. Er nahm 622 an der Hidschra, der Auswanderung des Propheten von Mekka nach Medina, teil und wurde zum ersten Muezzin des Islam berufen, als der *Adhân* ("Ruf zum Gebet") in Medina eingeführt wurde. Zugleich diente er dem Propheten Muhammad als persönlicher Diener und Verwalter.

Muezzin, arabisch *Mu'adhdhin*, jemand, der vom Minarett oder Eingang einer Moschee zum Gebet ruft (*Adhân*).

Prophet (ﷺ):

"Wie sollte ich nicht weinen, da mir aus den sieben Himmeln folgender Vers herabgesandt wurde: 'In der Schöpfung der Himmel und der Erde und im Wechsel von Nacht und Tag sind wahrlich Zeichen für die Verständigen.'?"

Hadîth, von Ibn Hibban überliefert

Die ganze Natur kündet von Ihm. Alles verweist auf Seine Präsenz. Das arabische Wort *Aya* bedeutet zugleich "Koranvers" und "Zeichen". Ein Wort mit zwei verschiedenen Bedeutungen, so als wollte Gott uns zu verstehen geben, dass die Offenbarung des Koran ebenso Zeichen ist, wie die Zeichen der Natur Offenbarung sind, ein vor dem Blick und Verstand des Menschen aufgeschlagenes Buch. Es gibt also zwei Offenbarungen, die der Schöpfung und die der Prophetie. Der Zyklus der prophetischen Offenbarungen im Islam umschließt alle Propheten, von Adam über Noah, Abraham, Moses, Jesus und die vielen anderen Propheten bis zu Muhammad (ﷺ). Sie wurden von Gott entsandt, um eine Botschaft zu überbringen und eine Mission zu erfüllen. Im islamischen Verständnis sind alle diese Propheten Menschen

Aya (Plural *Ayât*): Zeichen, Hinweis, aber auch Vers. "Vers" ist eigentlich eine unzutreffende Übersetzung, die sich aus einer Analogie zu den Versen der Bibel ergibt.

Und Wir schenkten ihm [Abraham] Isaak und Jakob. Beide leiteten Wir recht, wie Wir vordem Noah rechtgeleitet hatten und von seinen Nachfahren David und Salomo und Hiob und Joseph und Moses und Aaron. Also belohnen Wir die Gutes Tuenden. / Und [Wir leiteten recht] Zacharias und Johannes und Jesus und Elias; alle gehörten sie zu den Rechtschaffenen. / Und (Wir leiteten recht) Ismael und Elisa und Jonas und Lot; und sie alle zeichneten Wir aus vor den Menschen.
Koran 6:84-86

Im Islam bilden alle Propheten eine einzige Kette. Alle von ihnen überbrachten Botschaften sind Offenbarungen Gottes, die ihren Abschluss und ihre Vollendung in der Botschaft fanden, die der Prophet Muhammad (ﷺ) verkündete.

gewesen, die natürlich von Gott entsandt wurden, aber trotz ihrer besonderen Eigenschaften immer Menschen blieben. Ihre Vorbildhaftigkeit gründet ja gerade darin, dass sie Menschen sind, d.h. dass sie sich nicht allein aufgrund ihrer Rolle als Gesandte zu der ihnen eigenen Größe erhoben, sondern auch und vor allem weil sie sich auf die spirituelle Anstrengung der Selbstbeherrschung und Disziplin verstanden. Der Prophet gilt auch und gerade als Vorbild, weil es ihm im Umgang mit seiner menschlichen Natur gelang, sich zu erheben und seine Schwächen in Vorzüge umzuwandeln. Die Propheten wurden entsandt, um den Sinn der spirituellen Entwicklung zu lehren, den Weg aufzuzeigen, der zu Harmonie und innerem Frieden führt: in der Spannung zwischen Körper und Herz beide Dimensionen zu ihrem Recht kommen lassen, Gottes gedenken, ohne die alltäglichen Aufgaben zu vernachlässigen. Dies lehrte auch der Prophet Muhammad (ﷺ). Er hob immer wieder die Bedeutung von Glauben und Herz hervor und vergaß doch nie zu betonen, dass man seinem Beispiel folgend gottesfürchtig sein und zugleich speisen, heiraten und sich vergnügen, kurzum ein menschliches Leben führen konnte. Die demutsvolle Einsicht in sein Menschsein stärkt die Achtung vor und die dankerfüllte Hingabe an den Schöpfer.

Die verschiedenen Dimensionen der Anbetung

Der Mensch kann diesen spirituellen Weg zum Seelenfrieden individuell beschreiten, indem er den Regeln und Wegmarken der göttlichen Rechtleitung folgt, und sich zugleich bewusst sein und berücksichtigen, dass er einer Gemeinschaft angehört. Dies gilt auch und gerade für die gottesdienstlichen Handlungen. Jede der fünf Säulen der islamischen Glaubenspraxis verbindet Spiritualität und Gemeinschaft.

Verschiedene Dimensionen fließen in die gottesdienstlichen Handlungen ein. An erster Stelle steht die Reinigung des Selbst durch das Gebet (*Salât*) - mit Gott sein, fünfmal am Tag, fern der Welt, um durch eine spirituelle Erhebung Seiner Präsenz inne zu werden. Das Gebet kann jeder für sich allein verrichten, da es dem Herzen, das sich Gott zuwendet, entspringt. Das Gebet in der Gemeinschaft gilt aber als wertvoller. Es heißt, dass ein Gebet in Gemeinschaft den siebenundzwanzigfachen Wert eines individuellen Gebetes besitzt. In der Einsamkeit seines Herzens und doch zugleich mit der Gemeinschaft zu sein, bestärkt diesen spirituellen Akt und zeigt, dass die Gemeinschaft den Menschen ebenso stärkt, wie der Mensch die Gemeinschaft bereichert. Ein Muslim ist also im Gebet allein, aber er bedarf der anderen, um diese Einsamkeit in kollektiver Harmonie leben zu können.

Das Fasten (*Saum*) folgt dem gleichen Grundprinzip. Mit der Läuterung des Herzens in der Spiritualität verbindet sich die Reinigung des Körpers, einen Monat im Jahr oder etwas mehr, wenn man einige zusätzliche Fastentage an den Fastenmonat Ramadan anhängt. Jeder fastet für sich allein, da jeder Einzelne Hunger empfindet, und doch zugleich in der Gemeinschaft mit allen anderen, die zur gleichen Zeit fasten. Und auch bei der Pilgerfahrt (*Hadsch*) unternimmt jeder für sich allein die Anstrengung, das Haus Gottes aufzusuchen, und doch zugleich in der Gemeinschaft mit vielen Millionen anderer Menschen, die in diesem Zentrum zusammenströmen. Die *Zakât*, die läuternde Sozialabgabe, besteht darin, dass jeder Einzelne einen kleinen Teil (ca. 2,5 Prozent) seines über einem festgesetzten Mindestmaß liegenden Vermögens darauf verwendet, in einem Akt der Solidarität mit der Gemeinschaft abzugeben und dadurch zugleich seinen Besitz individuell zu läutern.

> *“Jede der fünf Säulen des Islam ist ein spiritueller Weg in Verbundenheit mit der Gemeinschaft”*

Die Dimension der Läuterung des Besitzes

durch die *Zakât*, des Herzens durch das Gebet und des Körpers durch das Fasten durchzieht alle gottesdienstlichen Handlungen, mit denen der Mensch nach immer größerem Einklang mit seiner ursprünglichen Natur strebt: Gottes gedenken und Sein Lob preisen. Diese regelmäßige Läuterung befördert den Weg des Menschen zu seiner Freiheit, so wie es Gott wohlgefällt und Sein Gesandter (ﷺ) uns gezeigt hat. ■

Schlusswort

Auf den wenigen Seiten dieses kleinen Buches konnte natürlich nicht alles behandelt werden. Eine Auswahl musste getroffen werden, was freilich nicht heißen soll, dass andere Themen weniger wichtig wären, ganz im Gegenteil. Zum Abschluss wollen wir noch die Themen von Liebe und Wissen ansprechen. Darin ist das Gebot angelegt, am Leben teilzunehmen und uns nicht abzukapseln. In gewisser Weise ist dies ja auch die einzig mögliche Schlussfolgerung aus dem bisher Gesagten. Alle untersuchten Begriffe und die sich anschließenden Gedankengänge verweisen doch unmissverständlich auf ein Ziel: sich auf den Weg zu begeben, nach der Nähe unseres Schöpfers zu streben - lieben und wissen, um Ihn anzubeten und den Menschen zu dienen.

Liebe und Gehorsam in der Liebe

Liebe ist ein zentraler und unverzichtbarer Begriff im islamischen Denken, auch wenn sich manche Muslime dessen nicht immer ganz bewusst sind. Im Koran heißt es:

Sprich: "Liebt ihr Gott, so folget mir. So wird Gott euch lieben [...]"

Koran 3:31

Liebe steht im Mittelpunkt des Islam. Alles dreht sich um die Erfahrung des Herzens mit Gott. Paradies und Hölle werden zwar gewissermaßen als Ergebnis eines zwischen dem Schöpfer und Seinen Geschöpfen getätigten Handels beschrieben. Einige muslimische Denker und Mystiker verwiesen aber auf eine höhere Dimension. Ein Gelehrter des 13. Jahrhunderts, Imâm an-Nawawî (1233-1277), erklärte, dass es zwei Stufen des Glaubens gibt: den "Glauben des Händlers", der sich Gott hingibt im Austausch gegen das Paradies; und die höhere Stufe des "Glaubens des Nahen, des Gottnahen", der sich Gott aus reiner Liebe hingibt. An die Stelle des Austausches tritt hier die vollkommene und reine Liebe.

Diese Liebe entwickelt sich auf einer Stufe des spirituellen Weges, die wir kraft innerer Disziplin und Anstrengung erreichen können. Darin drückt sich das Wesen des wahrhaft Gläubigen aus, des *Rabbânî*, der völlig von der Präsenz Gottes erfüllt ist, des Gottesfürchtigen, der eine besonders tiefe Spiritualität entwickelt, dessen Herz keinen Moment vergisst, Seiner Gegenwart stets eingedenk, um sich durch Ihn und in Ihm zu befreien. Diese Gottesfürchtigen streben danach, durch diese Anstrengung sich selbst zu überwinden, um in Seine Nähe einzugehen.

Darin manifestiert sich das tiefste Streben und die höchste Hoffnung eines jeden Muslim - über das Paradies hinaus - das Angesicht Gottes. Die Sehnsucht, mit Ihm zu sein, in Seiner Gegenwart, in Seiner Liebesfülle.

Die Läuterung, die eine Prüfung darstellt und uns allererst zur Erhebung befähigt, wurde von Imâm al-Ghazâlî (1058-1111) in seinem Buch *Wiederbelebung der religiösen Wissenschaften* auf lehrreiche Weise erläutert. Sein Gedankengang geht davon aus, dass unser Herz immer mit etwas beschäftigt, erfüllt ist. Wir können es nicht vollständig leeren. Daher steht der Mensch vor der Wahl, es mit Nichtigkeiten zu füllen oder mit dem Wesentlichen, dem wahren Sinn, der Gegenwart Gottes. Diese Anstrengung bedeutet, dass wir uns vom Nichtigen abwenden und dem Wesentlichen widmen. In diesem Bewusstsein des Wesentlichen liegt der Sinn unseres Lebens.

In einer Überlieferung der Worte des Propheten (ﷺ) werden wir an diese Dimension erinnert: mit Gott sein, so als würden wir Ihn sehen, denn auch wenn wir Ihn nicht sehen, so sieht Er doch uns. Dieser göttliche Blick darf nicht missverstanden werden. Es handelt sich schließlich nicht um eine Präsenz der Art, die uns ausweglos Schuldgefühle eingeben würde, sondern vielmehr um eine Präsenz, die von *Khuschû'* erfüllt ist. Dieses arabische Wort wird gelegentlich mit "Gottesfurcht" übersetzt, was nicht ganz zutreffend ist und missverständlich sein kann, wenn Furcht als "Angst" begriffen wird.

Furcht kann zunächst auf zwei Weisen verstanden werden: als Furcht vor dem Unbekannten, z.B. Furcht vor der Zukunft, oder als Furcht desjenigen, der Schuldgefühle empfindet, weil er sich bewusst ist, dass er von Gott, Der seine Schwächen und Fehler kennt, beobachtet wird.

Furcht im recht verstandenen Sinne hingegen ist vielmehr Ausdruck einer innigen Nähe. Diese Furcht entspringt dem Quell der vollkommenen Liebe, der Befürchtung nämlich, den über alles Geliebten zu enttäuschen. Diese Furcht kennen wir aus der Beziehung liebender Menschen, eines Mannes und einer Frau, die sich lieben, oder eines Kindes, das seine Eltern so sehr liebt, dass es fürchtet, sie zu enttäuschen. Das ist die Furcht, Anspruch und Erwartung der überreichlich geschenkten Liebe nicht gerecht zu werden. In diesem Sinne ist im Islam Gottesfurcht zu verstehen.

Liebe und Gehorsam sind also in der islamischen Spiritualität von zentraler Bedeutung, wie in allen spirituellen Wegen. Wir müssen lieben lernen, uns der Liebe öffnen, um dienen und in den Frieden des Islam eintreten zu können.

Herzenswissen und Verstandeswissen

Lieben zu können, setzt jedoch noch zwei weitere Stufen voraus: die Stufe des inneren Wissens und die des Wissens des Verstandes. Herzenswissen wie Verstandeswissen sind uns ein Bedürfnis und erfordern eine Anstrengung, eine tiefe spirituelle Arbeit. Aus diesen beiden Quellen speist sich Denken und Bewusstsein des Gläubigen. Im Koran heißt es:

[...] Ehrfurcht vor Gott haben unter Seinen Dienern nur die Wissenden [...]

Koran 35:28

Die Korankommentatoren betonen in ihren Interpretationen, dass es sich um die Wissenden des Herzens und um die Wissenden des Verstandes handelt. Wesentlich ist, dass das Wissen vom Licht erfüllt ist und uns den Weg zu *Fahm* bereitet, zum bewussten und denkenden Verstehen des Sinnes der göttlichen Präsenz. Da diese Präsenz unserem Leben Sinn verleiht, eröffnet uns der *Fahm* das Bewusstsein und Wissen darum, wer wir sind, warum wir sind und wohin wir gehen wollen in unserem Streben nach Seiner Gegenwart. Gott begleitet den Gläubigen auf dem Weg kraft der Anstrengung, die er für Ihn in Anbetung und Liebe (*al-Hubb*) unternimmt.

Das ist der tiefe Sinn eines der schönsten Bittgebete, die uns der Prophet des Islam (ﷺ) lehrt:

> "*O Gott, wir bitten Dich um Deine Liebe, um die Liebe derer, die Dich lieben, und darum, so zu handeln, dass wir Deine Liebe verdienen.*"

Wir sind hier im Herzen der Botschaft des Islam, wo sich Licht und Wärme Seiner Nähe vermählen - alle Vermählungen zeugen von dieser Schönheit und rufen uns, mit Herz und Verstand zur Quelle zu streben.

Zum Weiterlesen

- Muhammad Asad, *Der Weg nach Mekka*, dtv, München, 1992.
- Amir Zaidan, *Al-'Aqida. Einführung in die Iman-Inhalte*, ADIB-Verlag, Offenbach, 1999.
- Tariq Ramadan, *Der Islam und die Muslime*, Green Palace, Berlin, 2000.
- Tariq Ramadan, *Der Islam und der Westen*, MSV, Marburg, 2000.

Kapitel 2, Seite 25, Koran 7:172

[...] "Bin Ich nicht euer Herr?" Sie sagten: "Doch, wir bezeugen es!" [...]

أَلَسْتُ بِرَبِّكُمْ ۖ قَالُوا۟ بَلَىٰ ۛ شَهِدْنَآ

Kapitel 2, Seite 37, Koran 17:15

[...] Niemand trägt die Last eines anderen [...]

وَلَا تَزِرُ وَازِرَةٌ وِزْرَ أُخْرَىٰ

Kapitel 3, Seite 39, Koran 67:2

Der den Tod erschaffen hat und das Leben, dass Er euch prüfe, wer von euch der Beste ist im Handeln [...]

ٱلَّذِى خَلَقَ ٱلْمَوْتَ وَٱلْحَيَوٰةَ لِيَبْلُوَكُمْ أَيُّكُمْ أَحْسَنُ عَمَلًا

Kapitel 3, Seite 39, Koran 49:7

[...] Doch Gott hat euch den Glauben lieb gemacht und ihn schön geschmückt in euren Herzen. [...]

وَلَٰكِنَّ ٱللَّهَ حَبَّبَ إِلَيۡكُمُ ٱلۡإِيمَٰنَ وَزَيَّنَهُۥ فِي قُلُوبِكُمۡ

Kapitel 3, Seite 42, Koran 17:29

Und lasse deine Hand nicht [aus Geiz verschlossen] an deinen Hals gefesselt sein, und strecke sie auch nicht [verschwenderisch] so weit geöffnet aus, dass dir Vorwürfe gemacht werden und du es bereuen musst.

وَلَا تَجۡعَلۡ يَدَكَ مَغۡلُولَةً إِلَىٰ عُنُقِكَ وَلَا تَبۡسُطۡهَا كُلَّ ٱلۡبَسۡطِ

فَتَقۡعُدَ مَلُومٗا مَّحۡسُورًا ﴿٢٩﴾

Kapitel 3, Seite 46, Koran 59:19

Und seid nicht gleich jenen, die Gott vergaßen und die Er dann sich selbst vergessen ließ! [...]

وَلَا تَكُونُواْ كَٱلَّذِينَ نَسُواْ ٱللَّهَ فَأَنسَىٰهُمۡ أَنفُسَهُمۡ

Kapitel 4, Seite 60, Koran 17:44

Es preisen Ihn die sieben Himmel und die Erde und wer darinnen ist. Es gibt nichts, was Sein Lob nicht preist. Ihr aber versteht ihre Lobpreisung nicht. [...]

تُسَبِّحُ لَهُ ٱلسَّمَٰوَٰتُ ٱلسَّبۡعُ وَٱلۡأَرۡضُ وَمَن فِيهِنَّۚ وَإِن مِّن شَيۡءٍ إِلَّا يُسَبِّحُ
بِحَمۡدِهِۦ وَلَٰكِن لَّا تَفۡقَهُونَ تَسۡبِيحَهُمۡۗ إِنَّهُۥ كَانَ حَلِيمًا غَفُورًا ﴿٤٤﴾

Schlusswort, Seite 70, Koran 3:31

Sprich: "Liebt ihr Gott, so folget mir. So wird Gott euch lieben [...]"

قُلۡ إِن كُنتُمۡ تُحِبُّونَ ٱللَّهَ فَٱتَّبِعُونِي يُحۡبِبۡكُمُ ٱللَّهُ

Schlusswort, Seite 73, Koran 35:28

[...] Ehrfurcht vor Gott haben unter Seinen Dienern nur die Wissenden [...]

إِنَّمَا يَخۡشَى ٱللَّهَ مِنۡ عِبَادِهِ ٱلۡعُلَمَٰٓؤُاْ

Redaktionelle Koordination der französischen
Originalausgabe: Huê Trinh Hawwâ' Bâ

Grafische Gestaltung, Umschlaggestaltung, Satz:
Hélène Magnier

■

Achevé d'imprimer en France par
Dumas-Titoulet Imprimeurs
dépôt légal : juin 2004
N° imprimeur : 40712A